揭秘交通信号灯

苗渤汶 著/绘

中国铁道出版社有限公司
CHINA RAILWAY PUBLISHING HOUSE CO., LTD.
北京

图书在版编目（CIP）数据

揭秘交通信号灯 / 苗渤汶著绘. -- 北京 : 中国铁道出版社有限公司，2024. 10. -- ISBN 978-7-113-31498-9

Ⅰ. U491.5

中国国家版本馆 CIP 数据核字第 2024RH9832 号

书　　名：揭秘交通信号灯
作　　者：苗渤汶

责任编辑：许士杰　　编辑部电话：(010) 51873204　　电子邮箱：syxu99@163.com
编辑助理：韩振飞
封面设计：崔丽芳
责任校对：安海燕
责任印制：赵星辰

出版发行：中国铁道出版社有限公司（100054，北京市西城区右安门西街8号）
网　　址：http://www.tdpress.com
印　　刷：北京盛通印刷股份有限公司
版　　次：2024年10月第1版　2024年10月第1次印刷
开　　本：889 mm×1 194 mm 1/16　印张：3.25　字数：108 千
书　　号：ISBN 978-7-113-31498-9
定　　价：49.80元

前　言

之前，我已经创作了两本关于铁路信号的科普绘本。与铁路相比，路面交通更为大家所熟悉，我一直在思考是否可以将公路上的交通信号灯也引入绘本中。红绿灯在日常生活中随处可见，但其背后蕴含着丰富的历史和科学知识。例如，第一盏信号灯是何时出现的，为什么选择了红色、绿色和黄色这三种颜色，交通信号灯是如何发展变化的，等等。这些问题都非常值得我们去探索。

在深入研究的过程中，我发现这个看似简单的主题涵盖了许多引人入胜的知识，这更加坚定了我用科普绘本的形式将这些信息传达给年轻读者的决心。有关公路交通信号灯确实有很多可以挖掘的信息，然而，适合青少年科普的内容却相对有限。如果只围绕公路上的交通信号灯来介绍，可能会显得有些单调和乏味。

因为这个原因，我不得不暂时搁置了这个想法。直到有一天，当我看到一架飞机从头顶飞过，便突然有了灵感。既然公路和铁路都有交通信号灯，那么航空和航海也一定有其特殊的交通信号系统。为什么不把四种主要交通方式中的信号灯知识整合到一本书中呢？

这个想法既让我感到兴奋又让我有些不安。兴奋的是有更多的知识可以探索，不安的是担心自己无法准确而生动地解释这些复杂的信息。我的专业背景和工作经验主要在铁路信号领域，我对这部分内容颇有信心。公路信号与铁路信号在某些方面相似，且更贴近我们的日常生活，我相信自己也能讲解清楚。但对于航海和航空的信号系统，我当时几乎一无所知。

为了克服这一难题，我投入了大量的时间进行学习和研究，逐渐对航海和航空中的信号系统有了基本的理解。不同于公路和铁路，航海和航空拥有它们独特的信号模式。特别是航海信号，它历史悠久且种类繁多，蕴含着许多“深奥”的知识。我非常想把这些有趣的信息通过画作展示给大家。

在接下来的创作过程中，我遇到了不少挑战和困难。书中涉及的知识点广泛且来源分散，尤其是一些历史资料难以查证。在查阅资料的过程中，我深刻意识到自己的知识储备不足。尽管如此，想到能让大家通过这本书了解更多有关交通信号灯的有趣知识令我动力十足，我一边学习，一边创作，最终完成了这本书。

本书从一个较为全面的视角展现了交通信号的发展，读者可以从中了解人类社会是如何逐步向秩序化和现代化迈进的，并体会到人们在这一过程中所付出的努力和展现的智慧。

最后，非常感谢读者朋友阅读本书。如果您从书中发现有任何疏漏或错误，请不吝指出。

苗渤汶

2024 年 8 月

目 录

要说城市中繁忙的地方，就不得不提十字路口了。每天都有无数南来北往的行人和车辆经过大大小小的十字路口。而让行人和车辆可以井然有序通行的关键，便是设立在每个路口的交通信号灯了！这些信号灯是维持道路交通秩序的重要角色。

现在就从第一架信号灯开始，为大家讲述有趣的交通信号知识。

进入19世纪后，马车在欧洲的许多国家逐渐普及开来，但是街道上却没有用来指挥交通的信号设备。这导致在一些繁忙的十字路口经常出现交通混乱、拥堵的现象，同时也不可避免地发生很多交通事故。

1868年，世界上第一架交通信号灯在英国诞生了！这个交通信号灯足有7米高，在它的头部装有红色和绿色的煤气灯，向来往车辆和行人显示指令，在颈部位置还装有指示臂板，辅助显示信号指令。在信号灯下要有一名操作人员执勤，负责手动操纵头部的灯罩进行转动，达到向四个方向显示信号指令的目的。

这架信号灯的发明者是英国工程师奈特，他受英国一个城市的女性着装颜色启发，设计出了这种由红灯和绿灯组成的信号装置。

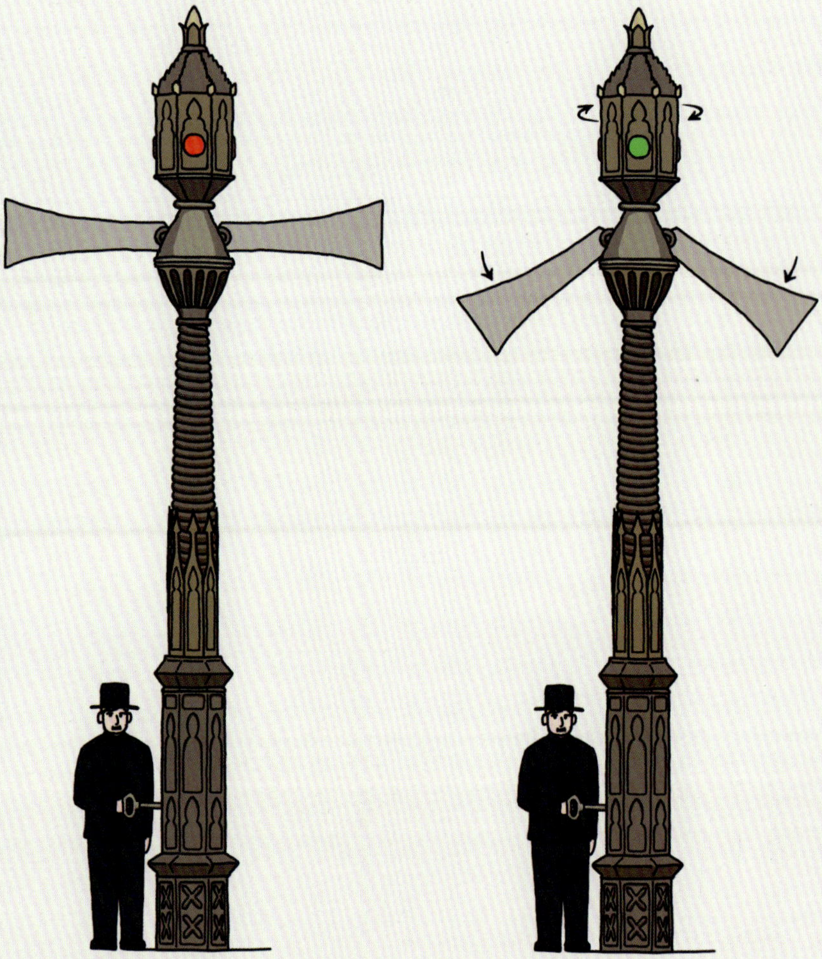

这架信号灯设立在英国议会大厦前。它的出现，很大程度地改善了此处路口的交通秩序。然而好景不长，这架信号灯只工作了 23 天便发生了严重的爆炸事故，使得这种信号灯被终止使用。

虽然第一架煤气信号灯最终以失败告终，但它却让人们意识到了维持交通秩序的重要性。一些欧洲国家也开始在路口使用标志牌来指挥交通，有的标志牌上只印有“STOP”，有的则同时印有“STOP”和“GO”，由执勤的警察根据交通状况来转动指示牌的方向，以指挥来往的车辆和行人。

然而这种标志牌无法在夜间使用，加之随着汽车的出现，道路交通的指挥难度也越来越大，人们迫切需要一种更好的道路交通信号灯！

随着电灯技术的发展，人们开始探索将电灯应用于交通信号的可能。直到 1912 年，第一架电力交通信号灯终于问世了。它由美国警员莱斯特发明，外形像一个小房子，在四个面上分别装有红灯和绿灯。

电力信号灯很快便应用在道路上了，并且信号灯公司在生产时对其进行了改进——在信号灯上安装一个蜂鸣器。每当警员对信号灯显示状态进行切换时，蜂鸣器便会进行报警，以提醒人们信号灯即将变化。

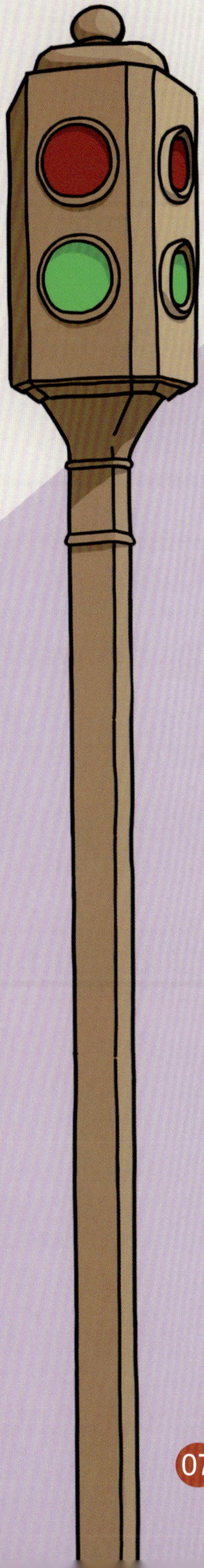

这一次，交通信号灯终于正式登上了历史舞台。各式各样的交通信号灯如雨后春笋般出现在街道路口，人们也逐渐适应了在交通信号灯的指挥下通行各个路口。

早期的交通信号灯只有红色和绿色两种颜色，在日常使用中其弊端逐渐显现——即在由绿灯变为红灯时，行驶中的车辆经常因为来不及反应而闯红灯，尤其是随着汽车的速度越来越快，这种情况也越来越多，增加了发生交通事故的风险。为了解决这个问题，黄灯便应运而生了。

1920 年，美国底特律的威廉警官发明了带有黄灯的交通信号灯，它有四个面，每个面除了红灯和绿灯外，在中间位置增加了用于过渡的黄灯。当黄灯亮起时，表示提醒人们注意，马上就要变红灯了！

在加入黄灯后，果然大大降低了车辆和行人经过路口的交通风险，这种三灯位形式的信号灯也逐渐被人们广泛采纳和使用，直至今日。

除了红绿灯的形式，人们还突发奇想，设计了很多别具一格的交通信号装置。

一个叫摩根的美国人发明了这种造型特别的交通信号。它的顶部如同一棵小树的三个分枝，在每个分枝的正面都印有“STOP”，而侧面则印着“GO”。

操纵下方的摇杆后，上方印着信号指令的分枝就会转动 90 度，将其放置在十字路口中央，再由一名警员来操控，就能指挥四个方向的车辆和行人了。

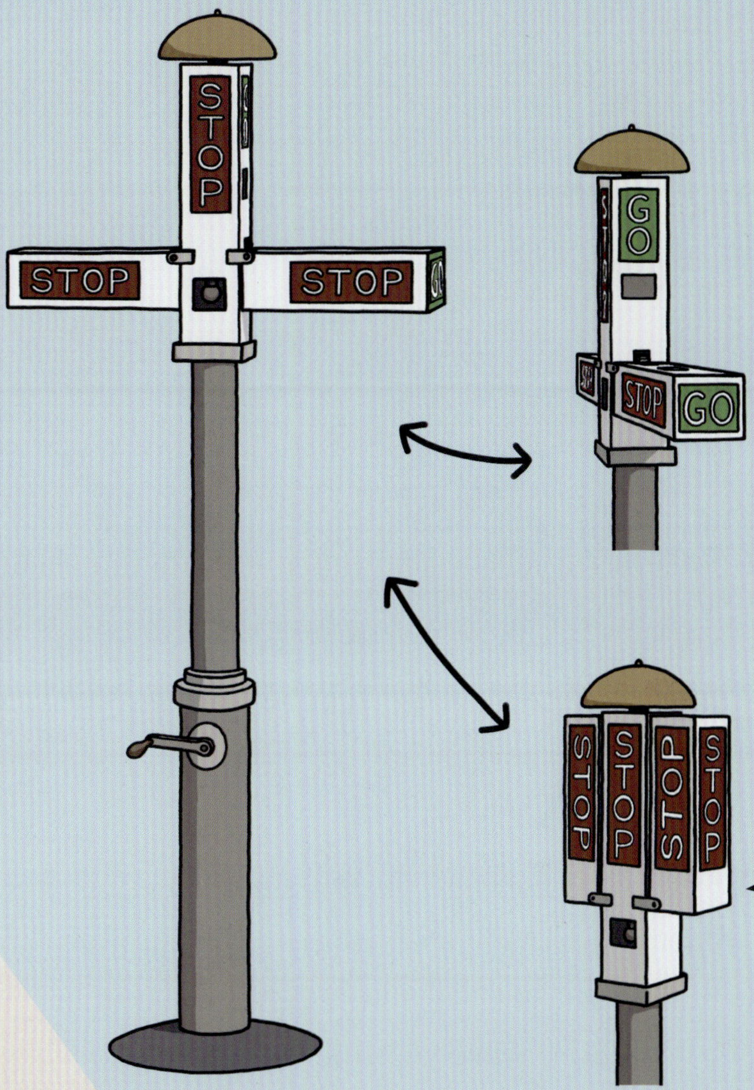

这架信号装置还拥有暂停十字路口交通的功能，当操控员将摇杆摇至指定位置时，两侧的分枝会向上翻折并与中间的分枝合并，这样对于四个方向都会显示禁止字样。

在澳大利亚墨尔本还出现过一种造型像钟表的信号，它由两个圆盘组成，每个圆盘每面有三个区域，涂有红、黄、绿三种颜色，绿色与红色区域较大，黄色较小。圆盘上装有白色指针，指针转动并循环经过代表停车的红色区域、代表通行的绿色区域，以及代表注意的黄色区域。

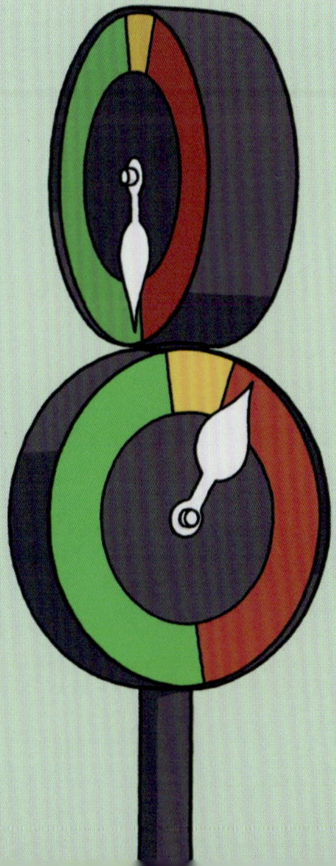

交通信号灯的发展贯穿了整个20世纪，但是无论信号灯的造型怎么变，红、黄、绿的配色一直延续下来并成为了世界通用的标准。

虽然发明第一架信号灯的奈特是因受到服饰的启发而选择红色和绿色作为信号灯颜色。但巧合的是，经过科学分析，采用红色和绿色作为交通灯的颜色是合理的。

红色光的波长较长，其穿透空气向远方传播的能力较强，且红色给人带来警告和危险的感觉，因此红色常被用作表示禁止通行。绿色与红色的区别十分明显，且绿光显示距离较远，给人带来舒适安全的感觉，因此常被用作表示通行。黄色光的波长次于红光，穿透能力也很强，它是一种很常见的警示色，常被用作表示警告。

在电力交通信号灯出现之前，一般需要人工操控信号灯的颜色转换。一开始，警员大多需要站在信号灯旁操作，后来在一些信号灯上装设了操作室，或是在一旁安置了岗亭，以供警员操控信号灯。

随着电子信息技术的发展，人们一步步研制出了可以自动控制的信号灯系统。自此，交通信号灯也逐渐步入了信息化时代！

到了现代，大城市的交通愈发复杂，有些地段只靠普通的交通信号灯已经很难满足日常需求，因此人们发明出了具有各种各样功能的信号灯，来应对不同的交通场景。

为了便于车辆和行人通行，人们给信号灯旁装上了倒计时灯，不管是绿灯通过时还是红灯等待时，都能让人们做到心中有数。

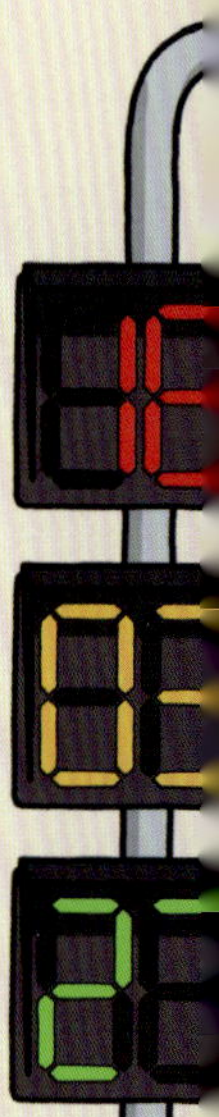

这是掉头信号灯，在一些需要指挥掉头车辆的路口处，会装设这种信号灯。

这种显示箭头符号的信号灯是方向指示信号灯，专门用于指挥开往指定方向的车辆，最常见的是左转指示灯，它经常和显示圆形符号的信号灯配合使用。

机动车信号灯依照红绿黄红的顺序循环变换。

人行横道信号灯一般只有红色和绿色两种颜色，但当绿灯快结束时，信号灯会闪烁，提醒人们即将变为红灯。

随着社会的发展，汽车的速度越来越快，行人如果不按照规范过马路，可能会发生交通事故。人行横道信号灯主要用于指挥行人，各地的信号灯也有所不同，比较常见的一种是信号灯上有一个绿色的行走小人和一个红色的站立小人，分别代表通行和等待。这种造型生动的信号灯在指挥行人时起到了很大的作用。

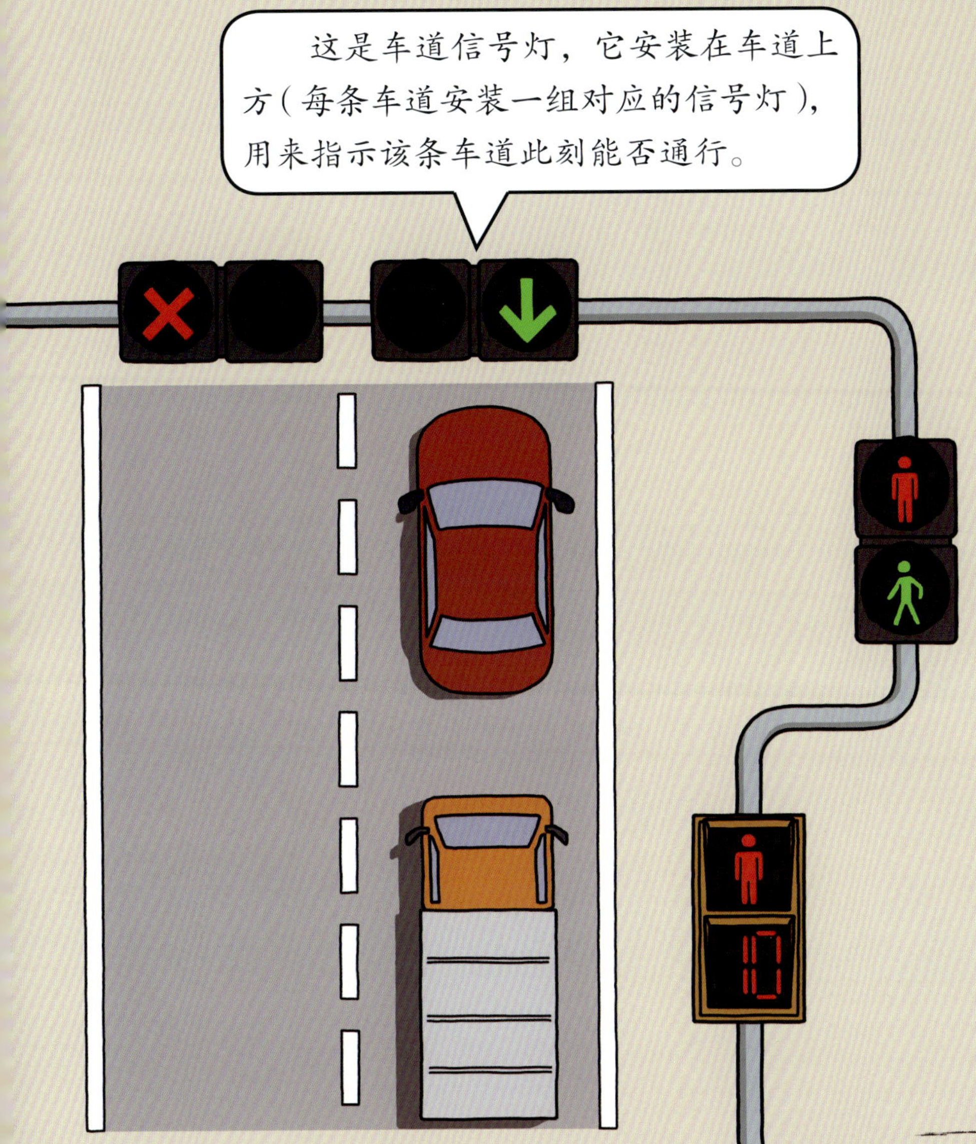

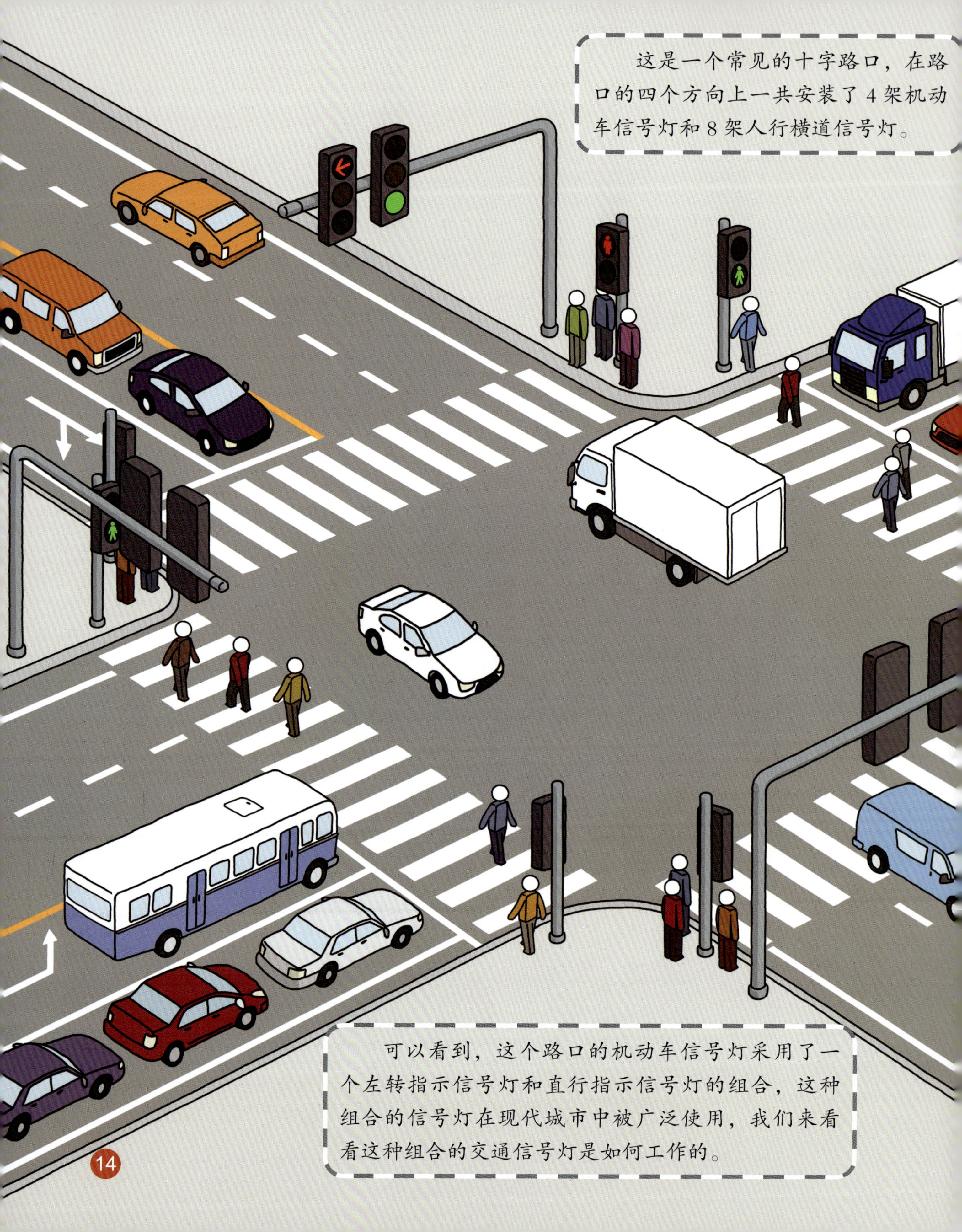

这是一个常见的十字路口，在路口的四个方向上一共安装了4架机动车信号灯和8架人行横道信号灯。

可以看到，这个路口的机动车信号灯采用了一个左转指示信号灯和直行指示信号灯的组合，这种组合的信号灯在现代城市中被广泛使用，我们来看看这种组合的交通信号灯是如何工作的。

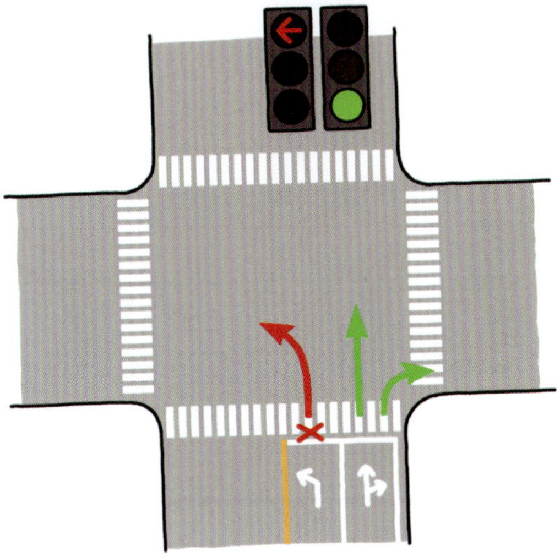

当左转指示信号灯亮红灯，机动车信号灯亮绿灯时，代表车辆可以直行和右转，不能左转。

当左转指示信号灯亮绿灯，而机动车信号灯亮红灯时，代表车辆此时禁止直行，可以左转和右转（直行的机动车信号灯显示红灯并不禁止右转车辆）。

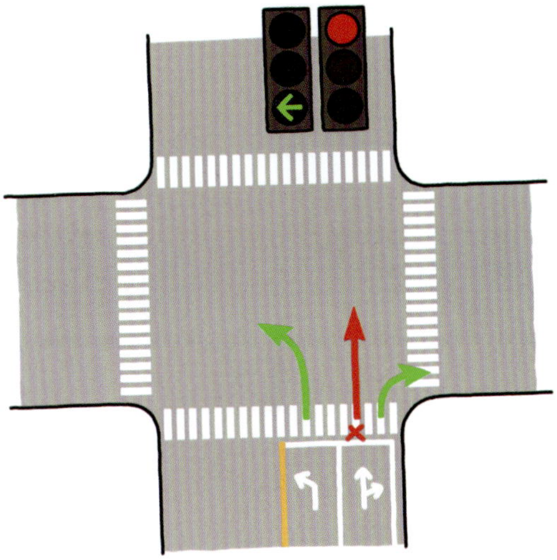

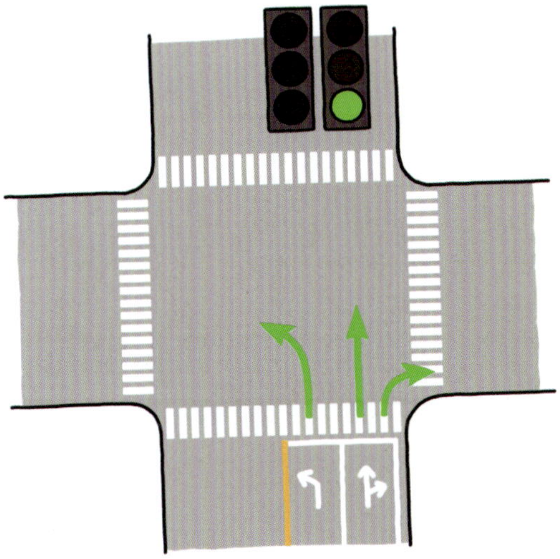

当左转指示信号灯的三个灯位都熄灭时代表不起作用，需要观察机动车信号灯，当其亮绿灯时，车辆在左、前、右三个方向上都可以通行。

当信号灯装有右转方向指示灯时，右转车辆也要根据右转信号灯的指示行驶，当右转信号灯亮红灯时，禁止车辆右转。

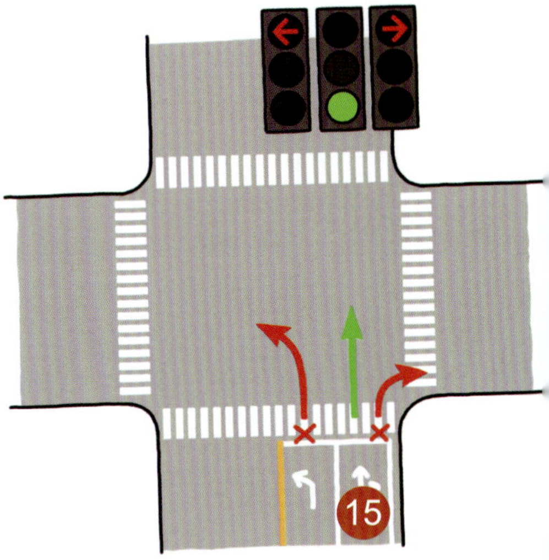

除了常见的信号灯，人们还设计出了许多奇特有趣的信号灯，我们一起来看看吧。

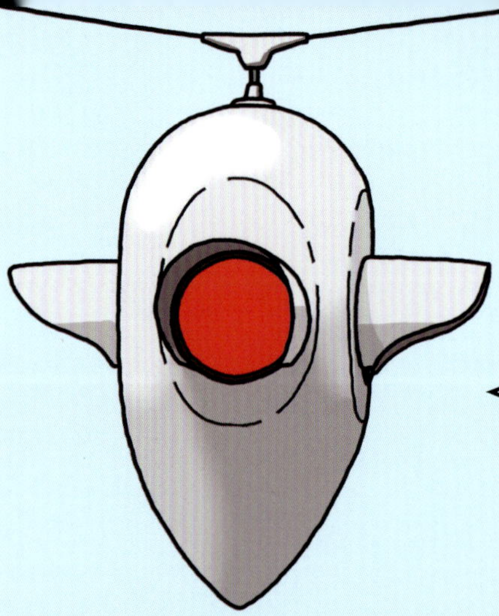

这种信号灯拥有流线型的主体，如同科幻片里睁着大眼睛的外星人，让人耳目一新。

还有设计师奇思妙想，将沙漏“装”进信号灯。

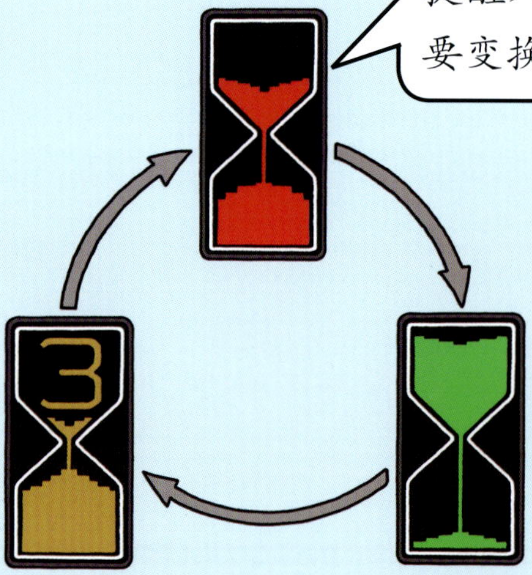

沙漏上方的沙子越漏越少，提醒人们注意快要变换信号了！

桃心、五角星、水滴，这些形状也都可以“装”进信号灯。

这些有趣的设计并不完全为了好玩，它们可以更好地吸引人们的注意力，防止因走神而错过信号灯的变化。

用这三个表情来表示红灯、黄灯和绿灯是不是恰到好处。

这个显示小兔子造型的信号灯会让通过路口的行人心情愉悦。

看！这儿有一颗信号灯大树，它足有8米高，上面挂着很多组信号灯。它们不断地闪烁变换，任谁看到这般多的信号灯，都会头晕目眩不知去向。

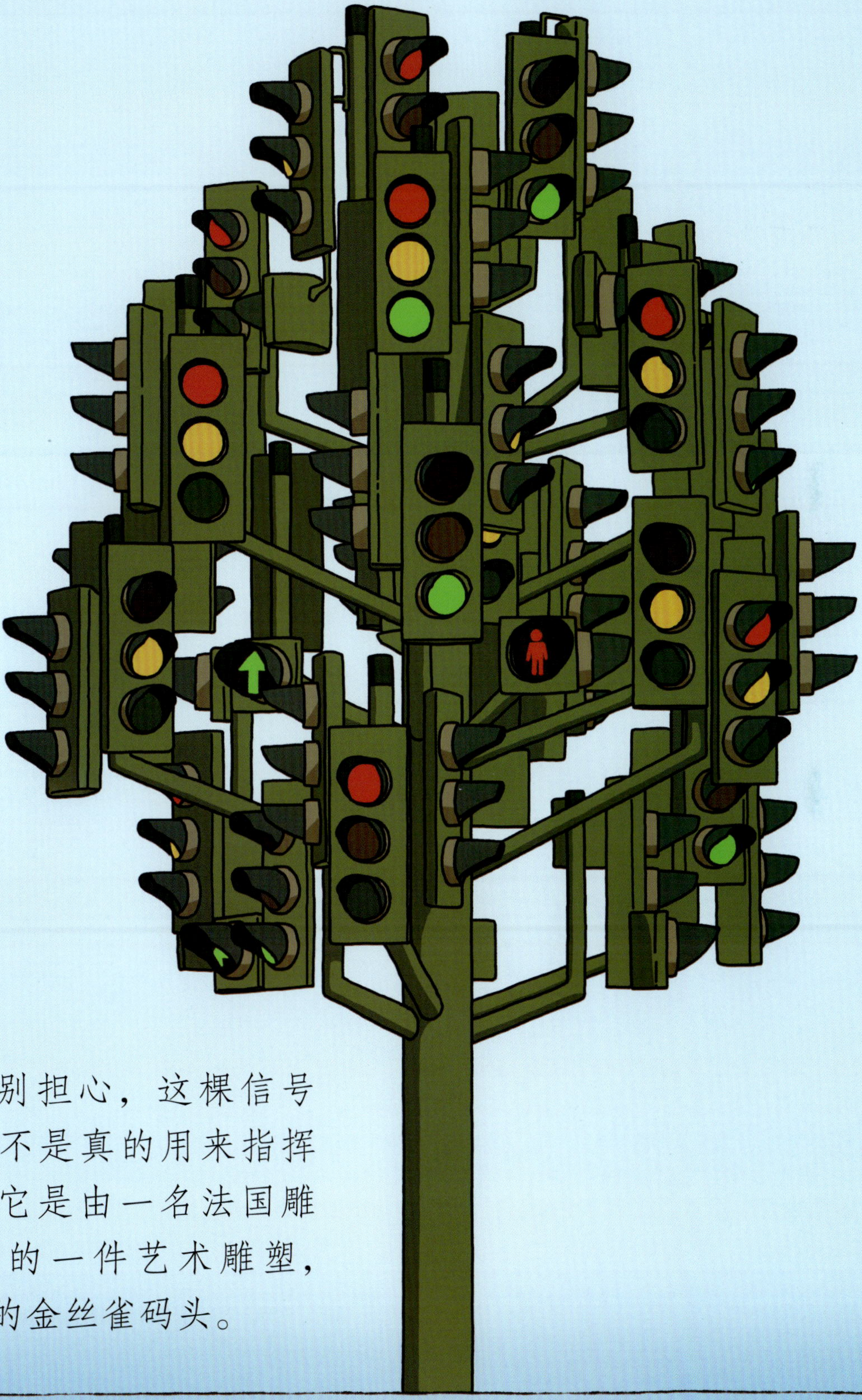

不过别担心，这棵信号灯大树并不是真的用来指挥交通的，它是由一名法国雕塑家设计的一件艺术雕塑，位于伦敦的金丝雀码头。

火车是人们旅行时常乘坐的交通工具之一，火车同样需要交通信号灯来指挥。比起公路信号，铁路信号出现的时间更早。

铁路信号的起源可以追溯到19世纪初的英国。1825年，英国人乔治·斯蒂芬森驾驶着最早的火车行驶时，前方便有专人手持信号旗骑马而行，为火车提供引导前行的信号。

1832年，在美国的铁路上使用一种用于车站间传递列车行进信息的信号机。在一个高约10米的柱子上，人们通过悬挂白色或者黑色的球来显示不同的火车信号，称为“球信号”。

当信号机柱顶端悬挂白球时，代表当前火车准点行驶，当悬挂黑球时，则代表火车晚点了！

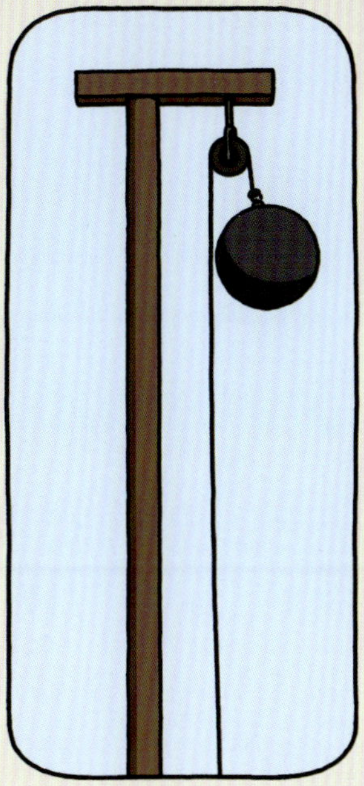

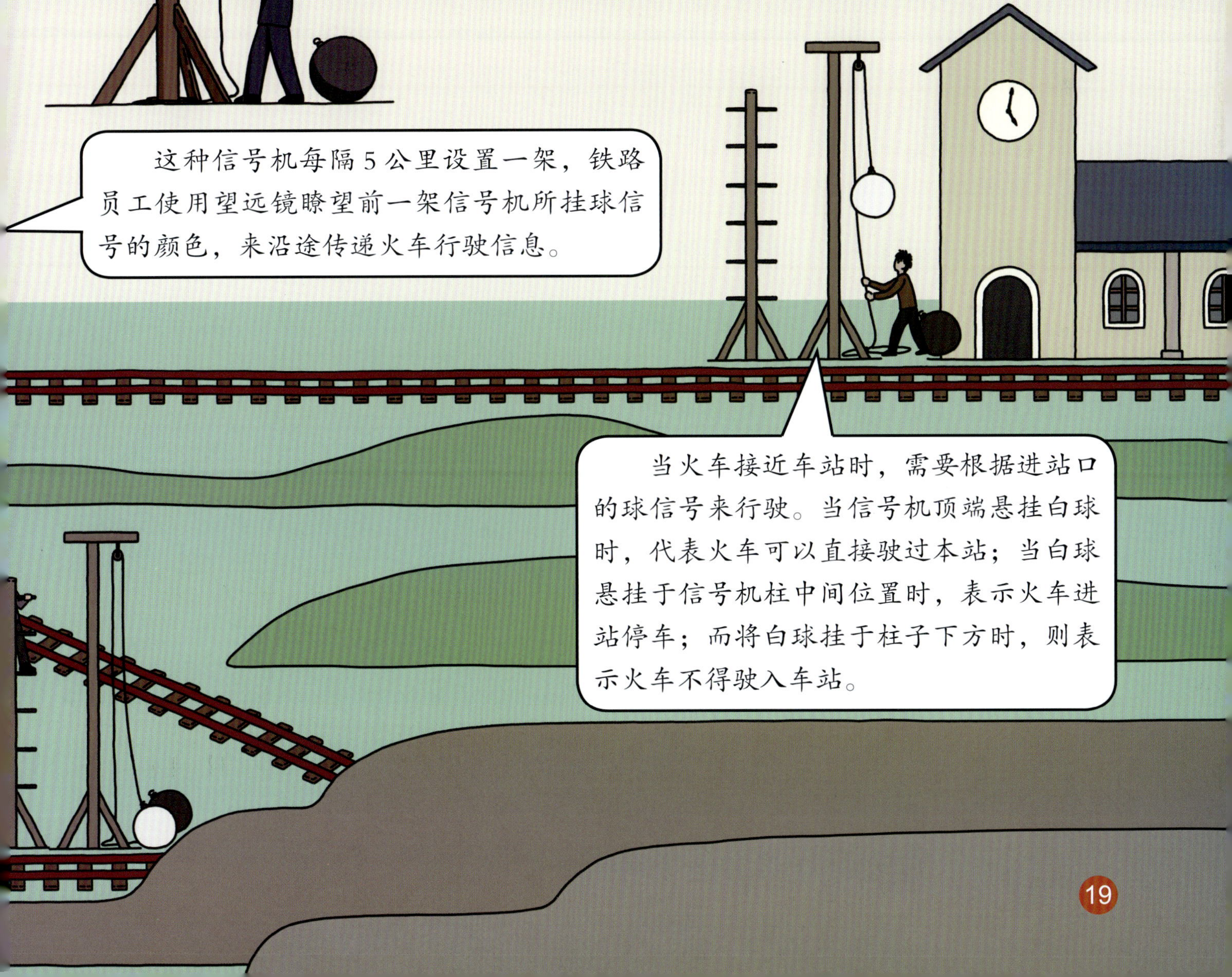

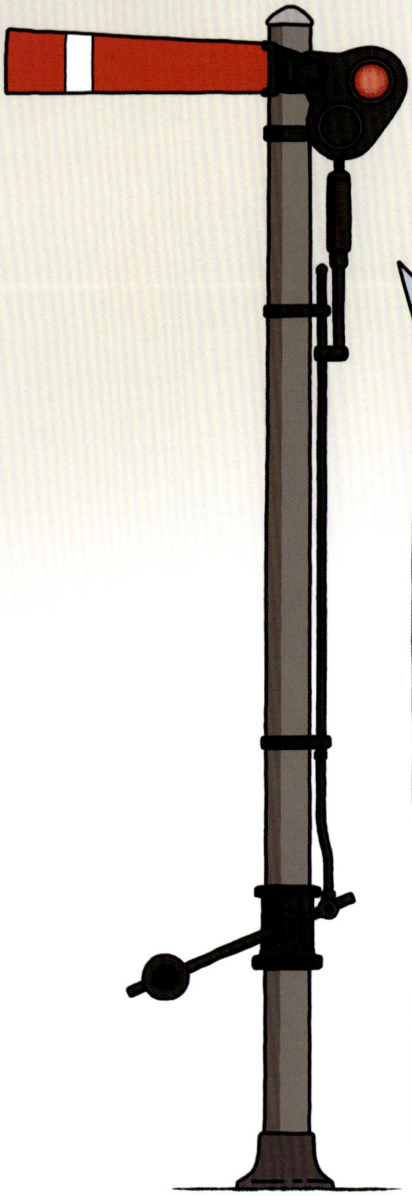

1841年，英国出现了一种造型别致的信号机，在高高的信号机柱上挂着一块瘦长的木板，木板时而抬起，时而放下，就如同人的手臂一般。这种信号机便是臂板信号机。通过这些臂板的形状、颜色及位置，臂板信号机可以向驶来的列车传达多种信号。

在白天，火车司机通过观察臂板获知信号信息；到了夜晚，火车司机则需要通过灯光来获知信号信息了。

在臂板的尾部，连接着不同颜色的灯罩，灯罩后方固定装有一盏灯，随着臂板位置的变化，不同颜色的灯罩会转至灯光前方，显示出不同颜色的灯光信号。

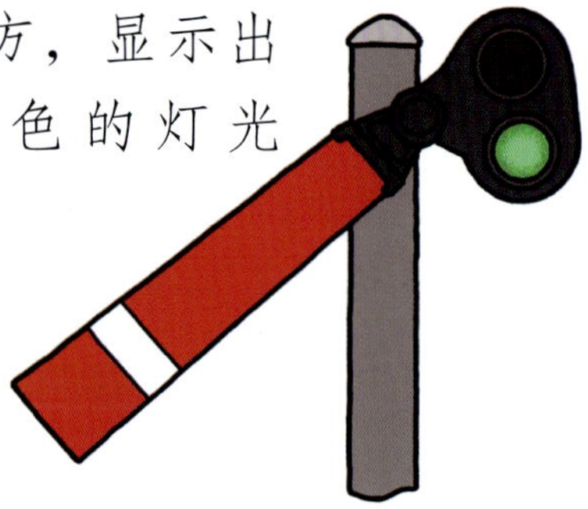

臂板水平时，显示红色灯光，当臂板下斜 45 度时，臂板尾部显示绿色灯光。

臂板信号机只有一个臂板的，称为单臂板信号机。除了单臂板信号机，还有双臂板和三臂板结构的臂板信号机。

在双臂板结构中，除了红白色的主臂板，还有一个黄黑色的鱼尾形臂板。通过两个臂板的组合，可以显示出更多的信号信息。

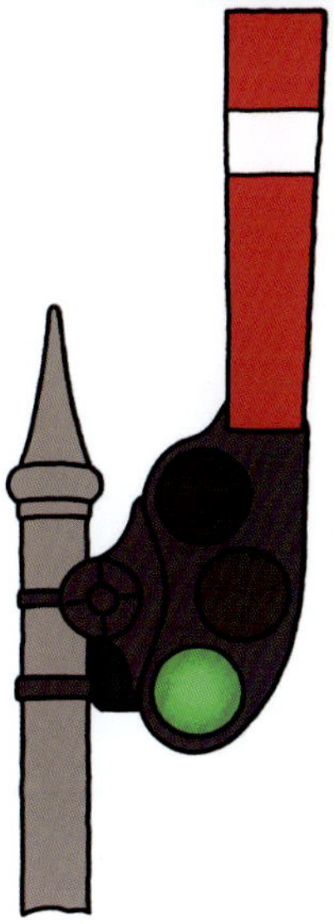

这个臂板信号机和前面介绍的臂板信号机有所不同，它的臂板由水平位置向其他位置的信号变化时，臂板是向上翘起的。这种臂板信号机有红、黄、绿三个灯位，对应臂板的三种位置。

在早期，臂板信号机需要靠机械传动的方式控制臂板动作。后来，大部分都采用电机控制臂板动作。

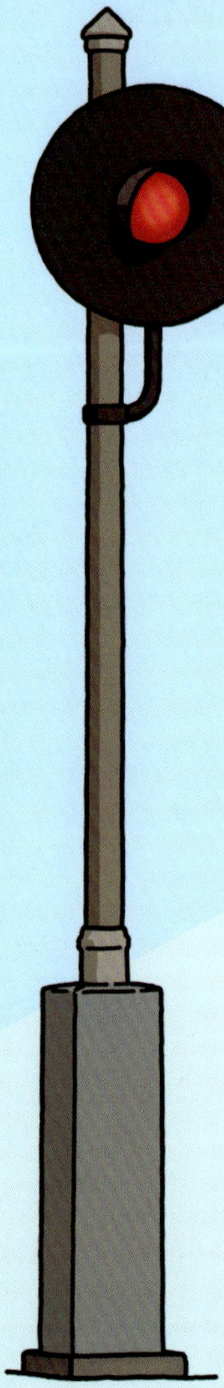

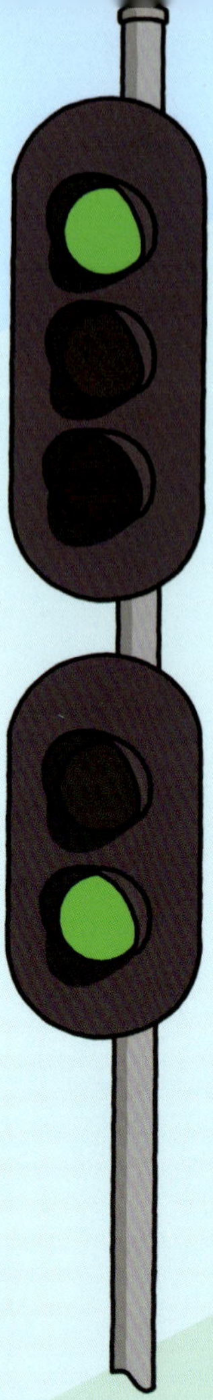

色灯信号机出现在臂板信号机之后。和公路交通信号灯一样，铁路信号灯同样采用了“红停绿行”的基本原则，不过铁路信号灯的种类更加多样、复杂，不但有黄色、白色、蓝色等色灯，还会有两个或者多个灯位的组合显示。

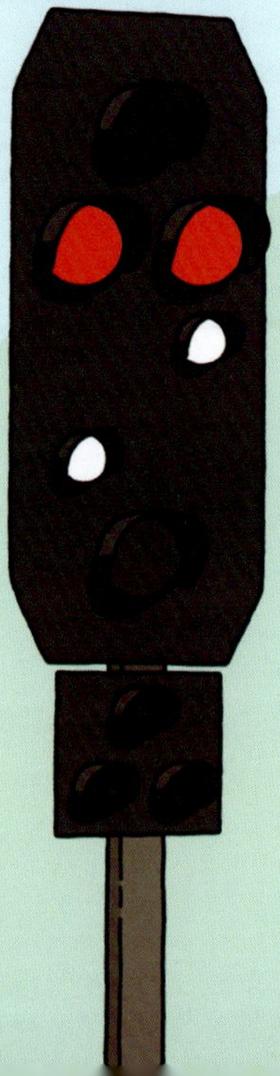

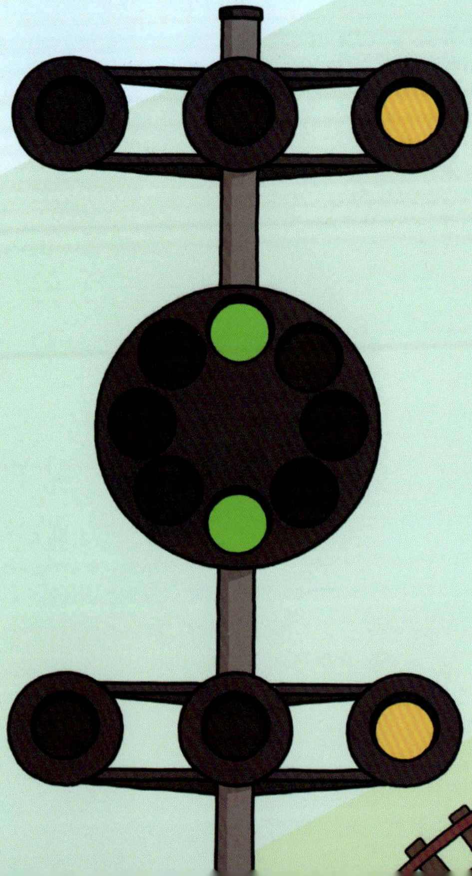

在色灯信号机发展的早期，各个国家的铁路并没有形成统一的标准，所以出现了种类繁多的信号机造型与显示方式。

那些安装在高柱子上的信号机，称为高柱信号机。它们能显示很远的距离，方便火车司机观察。相对的是矮型信号机，它们占用空间小，在线路上也较常见。

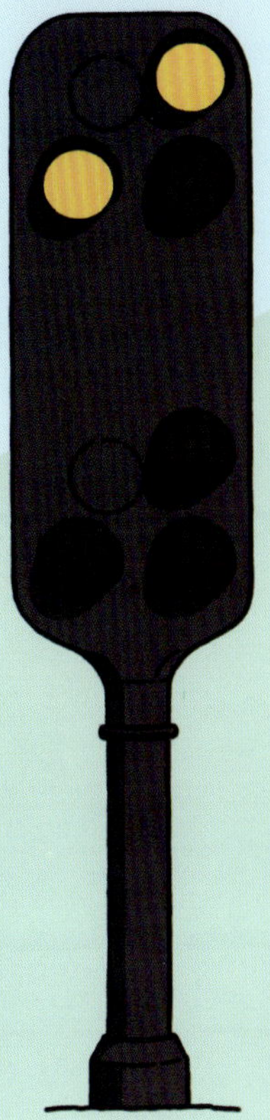

色灯信号机自出现后，便被广泛应用于世界各地的铁路，成为了铁路信号的主要载体。经过多年的发展，色灯信号机的规格和显示方式也在不断完善和统一。

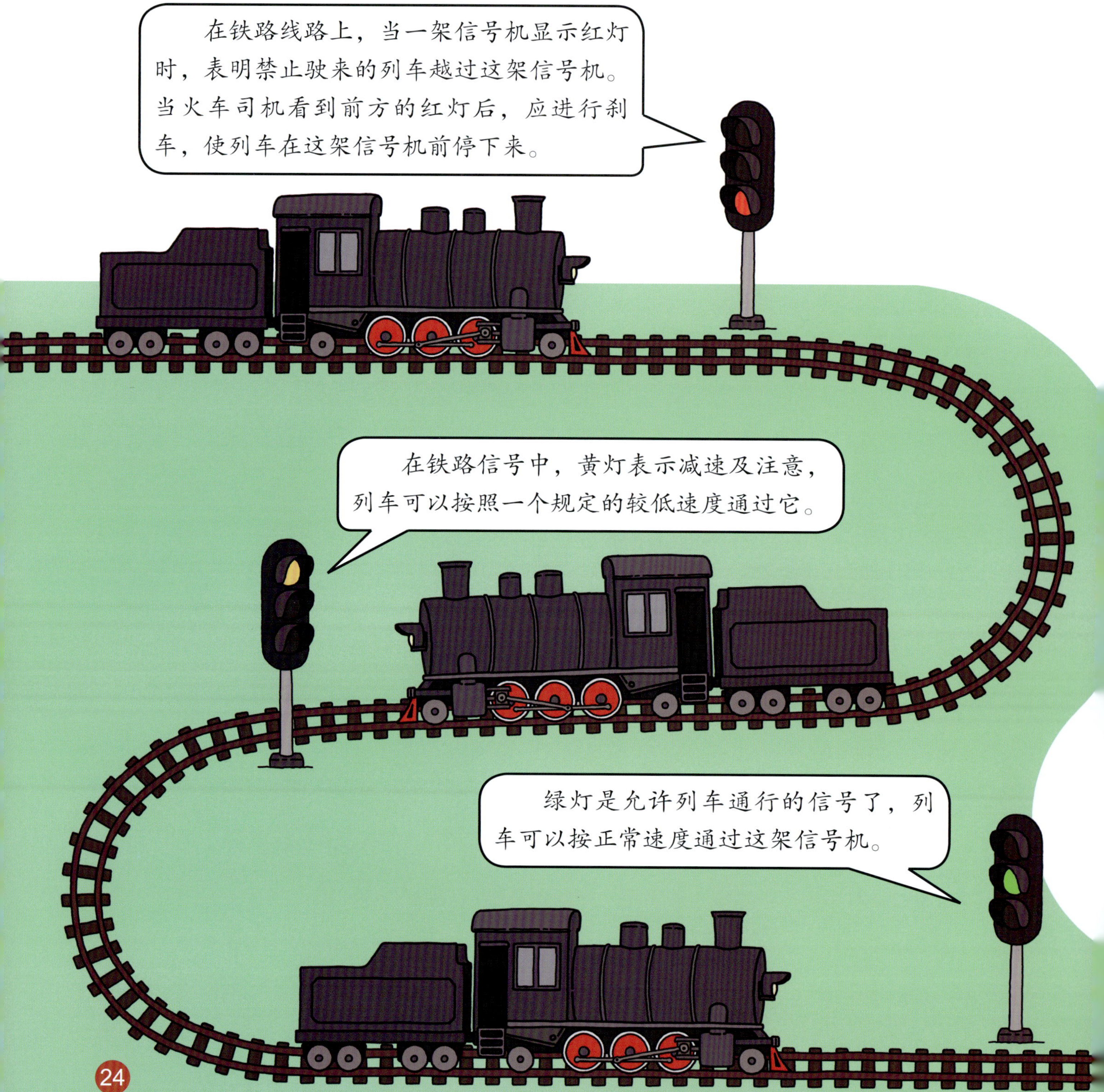

这种矮型信号机是调车信号机，月白色灯光表示准许越过该信号机调车，蓝色灯光表示不准越过该信号机调车。调车信号一般设置在火车站内，用于机车车辆在不同线路间的调度。

在早期，两个车站间一次只能通过一列火车，效率是非常低的。后来，人们为了提高铁路运输效率，在两个车站间的区间线路上每隔一小段设置一架通过信号机，这些信号机将整条线路分成了多个区段。以三显示自动闭塞区段为例，当列车在线路上行驶时，列车后方的通过信号机会按照红、黄、绿的顺序依次显示信号，这样就能告知下一趟列车前方的线路是否有列车。

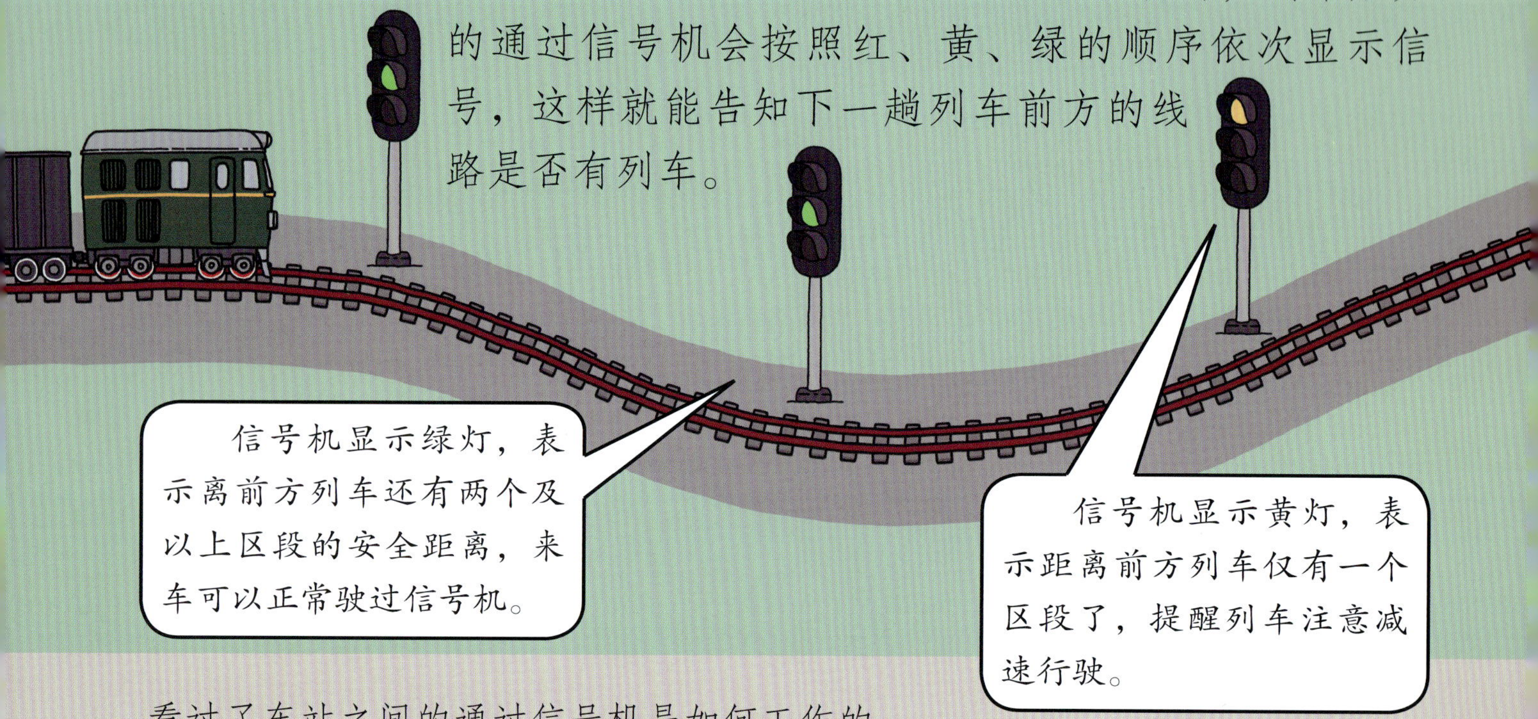

看过了车站之间的通过信号机是如何工作的，现在我们来看看火车站的信号机是如何工作的！

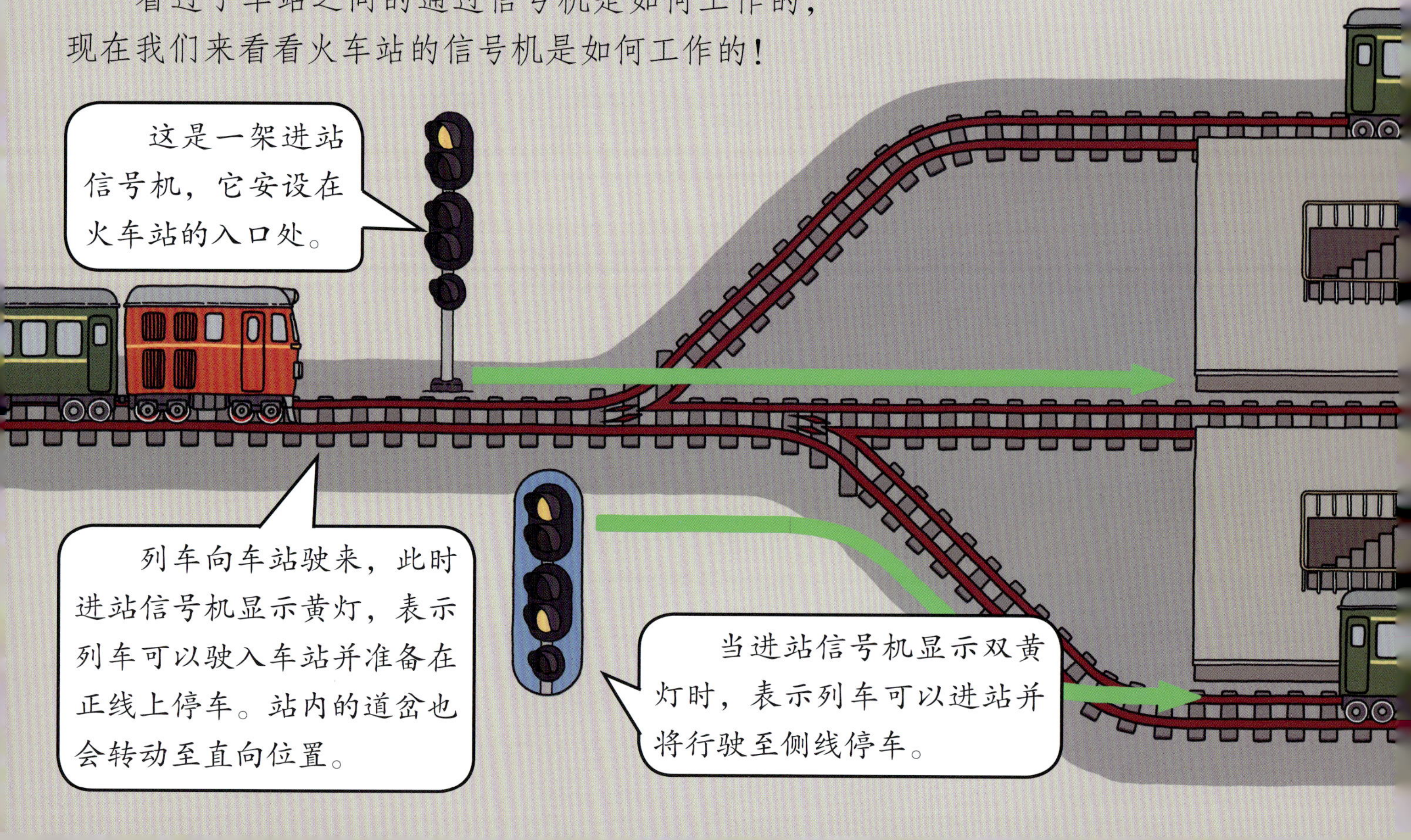

采用这种行车方式，车站间同时运行多列列车也不会有安全风险了，铁路的运输效率也得到了极大提高！

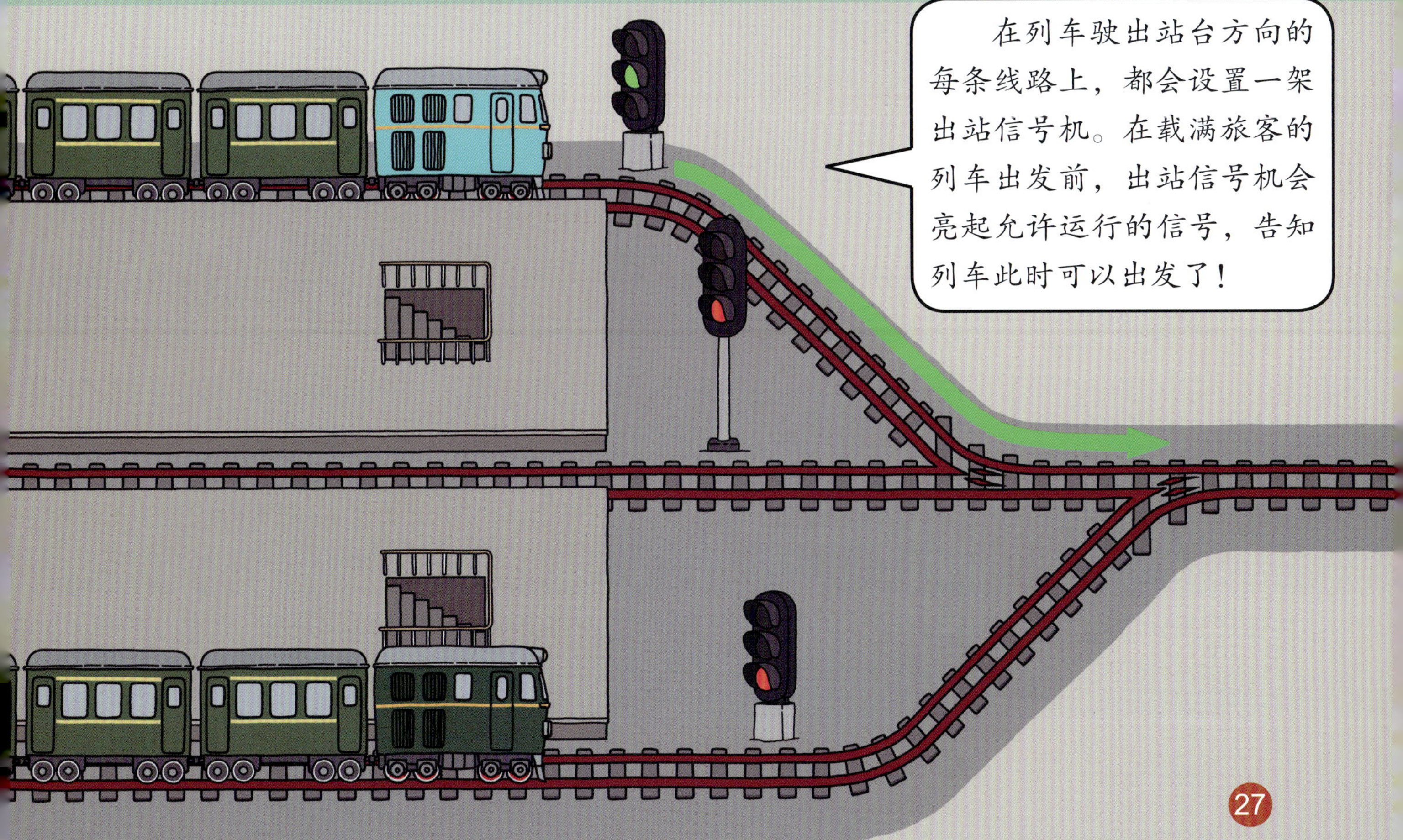

在铁路运输中，不是只有线路上设有信号灯，在机车（火车头）上也装有信号灯。右边这个就是一组安装在内燃机车驾驶室里的机车信号。

随着铁路发展，列车的速度越来越快，铁路运输环境越来越复杂。为保证列车运行安全，人们将信号灯搬进了车里，通过一系列技术手段，机车信号会获取前方地面信号机的信息并显示对应的信号。这样，司机在车内便第一时间知道前方信号灯的状态了。

由于高速铁路的车速实在太快了，所以在目前最先进的高铁线路上，已经不再架设一个个通过信号机，司机完全依靠车载信号来驾驶列车。

动车组的车载信号在显示屏上显示。不仅如此，一切驾驶所需的信息都会出现在驾驶台的显示屏上。

看！正中央屏幕上方的那个黄色圆形就是动车组的车载信号了，它表示前方信号机显示的是黄灯信号。

如果大家注意观察，会发现高铁线路旁矗立着一个个高高的信号塔，它们就是用来和列车通信的无线信号塔，包含车载信号的各种行车信息，都能通过无线信号传达给列车。

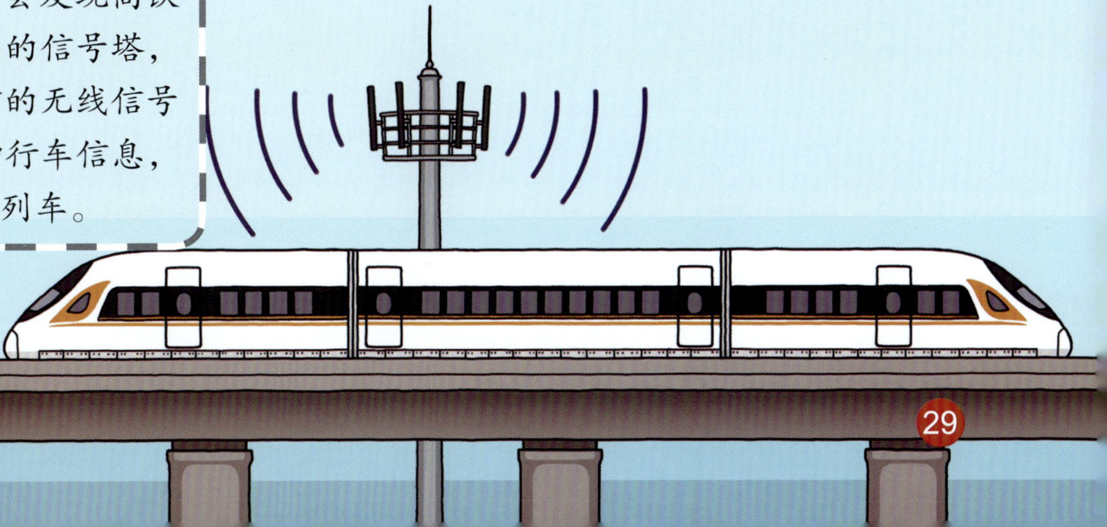

在前面的内容中，我们已经了解了许多公路交通信号灯与铁路交通信号灯的知识。公路与铁路作为陆地交通主要的两种方式，免不了要经常“打交道”。当一条铁路和一条公路交叉而行时，到底是应该看哪个信号灯呢？

公路与铁路的交叉路口称为道口，而道口处会设立专门的信号机来指挥行车。

对应公路一侧设置的信号机叫道口信号机，它一般由两个或者三个灯位组成。当有火车快要驶过道口时，道口信号机第一排两个灯就会交替闪烁红灯，顶上的喇叭也会不断发出“铛！铛！铛！”的报警声，提醒来往车辆和行人停止穿越道口。

在铁路上，会设置遮断信号机，遮断信号平时处于灭灯状态，当道口不能让驶来的列车通过时，遮断信号机就会亮起红灯，阻止列车驶向道口。

公路和铁路的交通信号灯说来已经有近二百年的历史了，可与航海路上的信号灯比起来，那便是小巫见大巫了。

早在公元前约 280 年 ，埃及人便在其最大的港口处建造了世界上第一座指引船只航行的建筑——亚历山大灯塔。

亚历山大灯塔有 100 多米高，是当时世界上最高的建筑，在塔的顶端设有灯火，熊熊燃烧的火光指引着每一艘从海上驶来的船只。这座灯塔也被列为古代世界七大建筑奇迹。

这座雄伟的灯塔为这片海域的无数行船燃起指明方向的灯火。虽然最终遗憾毁于地震当中，但亚历山大灯塔的出现拉开了海上交通信号的序幕。

在亚历山大灯塔出现后，灯塔便逐渐出现在各个地区，成为航海人辨别方向的重要依据。

灯塔一般都是高塔结构的建筑，在塔顶建有用于放置照明设备的小屋，通过灯光指引海面上的船舶航行。

菲涅耳透镜可以将发散的光源会聚为一束平行光线向远方传播，它被广泛应用于灯塔的照明系统中。

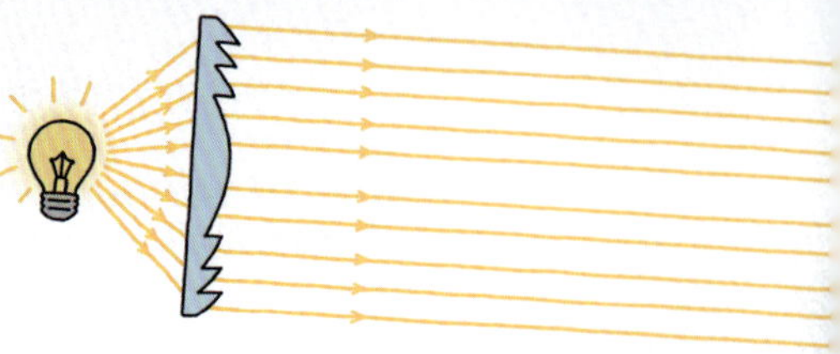

船只距灯塔较远时海面有一定弧度，为了将光线送达较远的海域，灯塔必须建造至一定高度。

灯塔一般建造在岸边明显的位置，也有不少灯塔建造在远离海岸线的礁石之上。那些灯塔的看守人员日复一日守护在大海上，常年无法回家。因此灯塔管理员也被认为是最孤独的职业之一。

无论是灯塔、浮标、灯船还是立标，它们都属于助航标志，是海上的信号灯。只是它们的灯光主要用于夜间，白天更多的是靠标志物及颜色来显示信号。

大海一望无际，置身其中往往难以准确辨认方位。所以人们除了在岸边设立灯塔等航标，在海中同样安置了许多可以飘在海面上的信号灯。

浮标种类众多，每种浮标都拥有特定的标志物及涂装，供航海员识别其种类。而在晚上，航海员则需要观察浮标顶部的信号灯光来获知浮标种类，每种浮标信号灯都会按照指定的方式和频率闪烁。

我们通过一幅航海图，来认识几种常见的浮标以及它们的作用吧。

这是航道左侧标，它设置在航道线路的左边界线上，信号灯会不断闪烁红色灯光。

头顶上有两个三角形的是方位浮标，用来标识海上的危险区域。它共有四种造型，分别用于放置在危险区域的东南西北四个方位，用于提醒船只躲避行驶。

与红色的航道左侧标对应的，是绿色的航道右侧标，它放置在航道的右边界线上，通过这两种浮标就能标记出一条完整的航行线路了。

这是安全水域浮标，当船员看到它，就知道当前区域很安全，可以放心前进了！

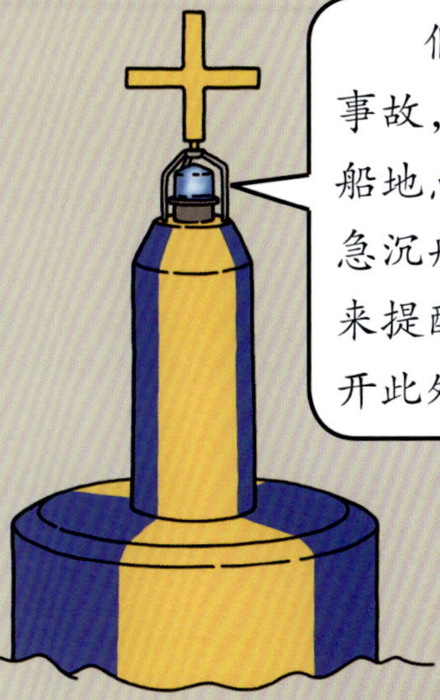

假如发生沉船事故，就需要在沉船地点放置这种应急沉船示位标，用来提醒其他船只避开此处。

在大海上，除了设置在岸边及海面上的信号外，在船舶上同样装有非常重要的信号灯——航行灯。

夜晚的大海漆黑一片，通过观察航行灯可以帮助确认周围船只的航行方向等信息。

航行灯是安装在船上的一系列信号灯，通过观察这些航行灯，我们就能知道这艘船与自己的方位关系以及它的航行方向了！

航行灯包括船体中轴线上的桅灯、尾灯以及船体两侧的舷灯等。船的左侧舷灯为红色，右侧舷灯为绿色。每一种灯的安装位置、高度、以及显示都有要求。

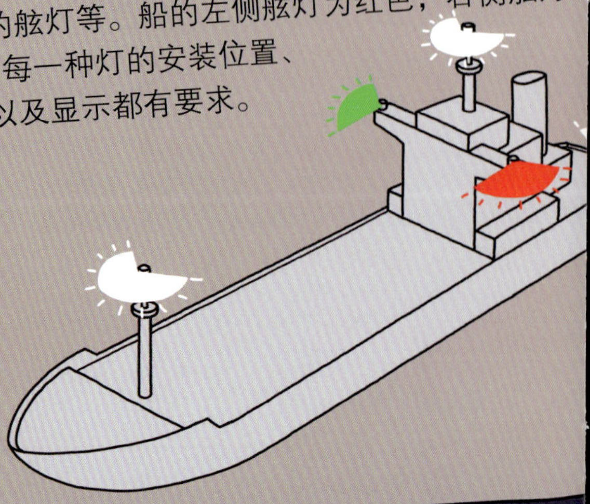

这艘船观察到在自己的左侧有一艘船，且能看到白色的桅灯和绿色的舷灯，说明这艘船与己方船只同向而行。
当只能看到一盏白灯时，说明这是船只的尾灯。
了解了航行灯后，各位读者能否自行判断出这种灯位所代表的船只航行状态？

在航空中，人们借鉴了许多航海经验。其中，飞机上的航行灯与船舶上的航行灯原理基本相同。

比起船舶上的航行灯，飞机机身上的航行灯更加简洁明了。在左侧机翼端装设红灯，右侧机翼端装设绿灯，尾部则装设向后发光的白灯。三盏灯光的显示角度范围，刚好覆盖360度。

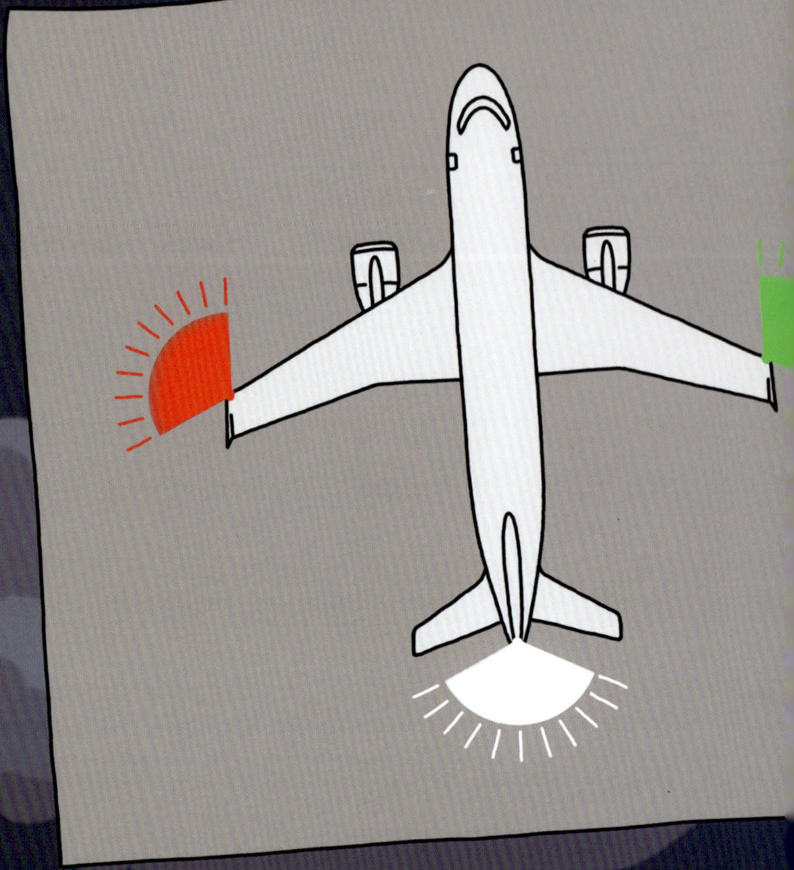

在空中，飞机驾驶员可以观察航行灯来判断附近其他飞机的位置及飞行方向。

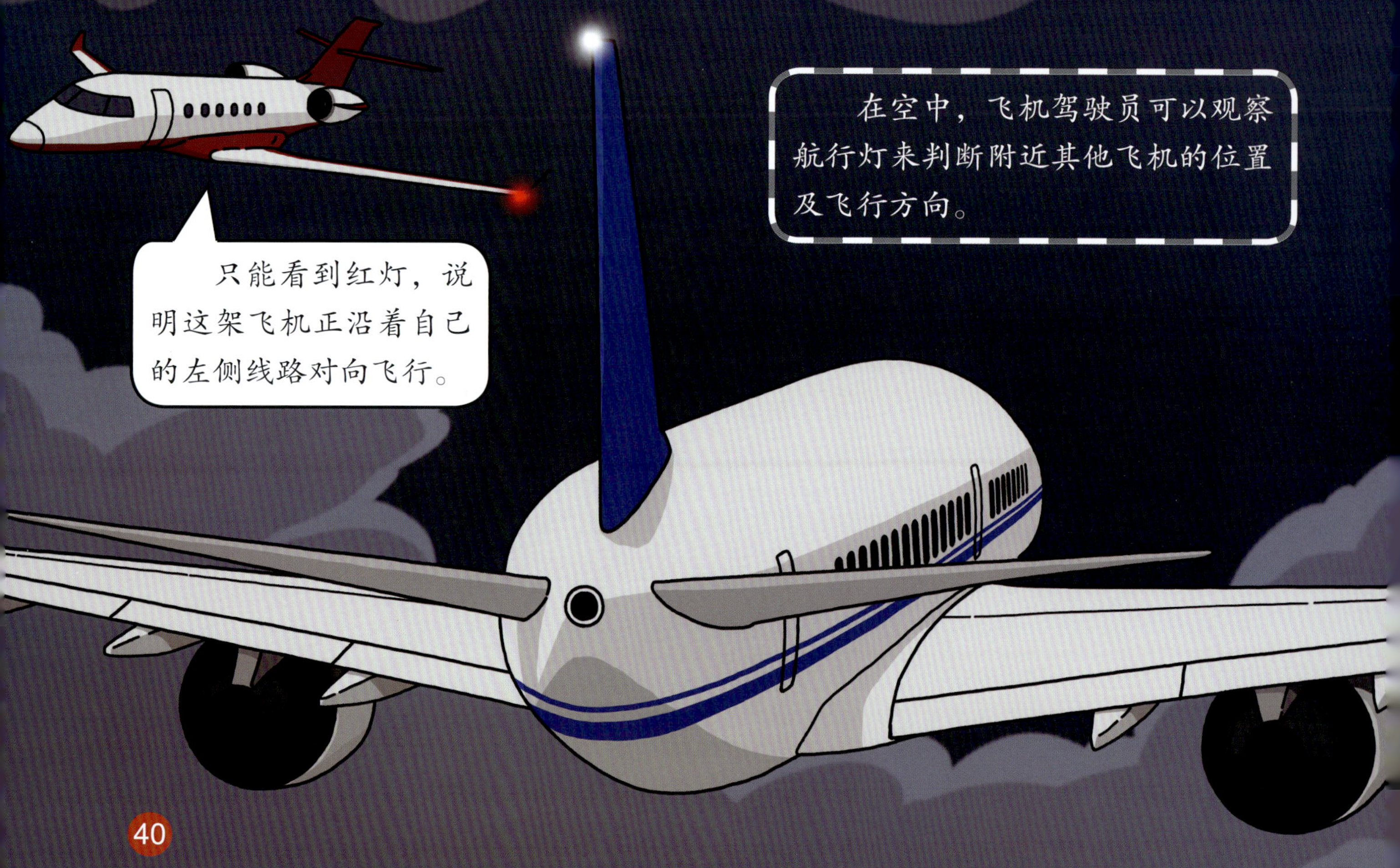

只能看到红灯，说明这架飞机正沿着自己的左侧线路对向飞行。

当看到白灯时，证明前方飞机同向而行，需要注意保持距离。
能同时看到前方飞机的红色和绿色航行灯，说明这架飞机正面朝本机飞来！

当飞机飞行在天空时，是没有红绿灯可以看的，飞机依靠无线电及卫星定位等技术指引航行。但当飞机在夜间的跑道上降落或起飞时，就需要观察跑道上的信号灯了。

这里展示了一架飞机降落到跑道时所能看到的信号灯，这些信号灯都属于机场地面的助航灯光。

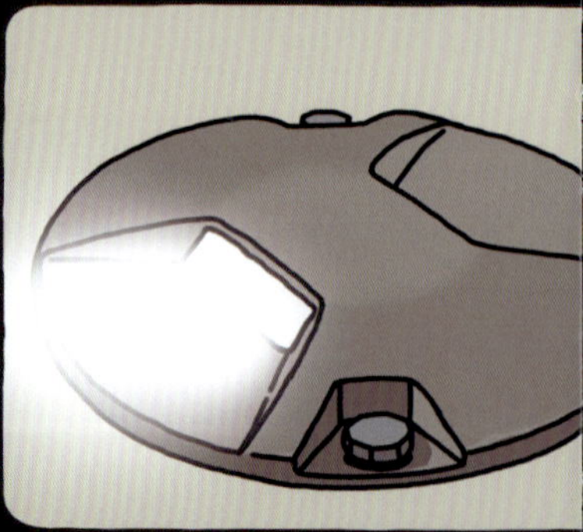

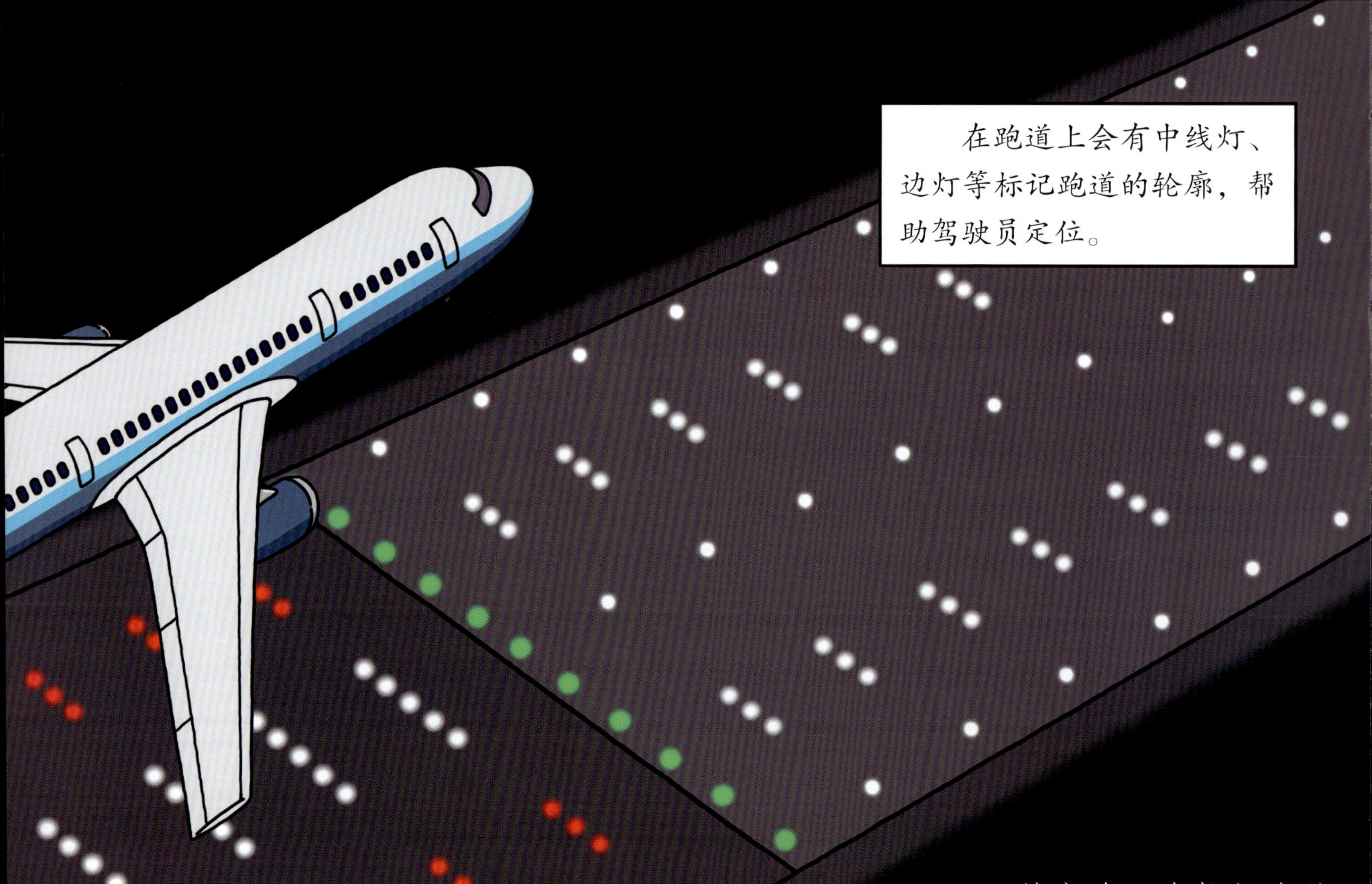

在跑道上会有中线灯、边灯等标记跑道的轮廓，帮助驾驶员定位。

那一排绿色的灯是跑道入口灯，而在接近跑道入口的区域会设置一系列表示接近跑道的近进灯光系统。

其实除了在机场内的各种助航灯外，在我们身边也能找到专为飞机航行安装的信号灯。

每当夜幕降临，如果大家仔细观察，就能看到在一些高楼大厦的楼体轮廓上，会有许多一闪一闪的红色灯光。

这些灯光都是航空障碍灯，它们的作用是将地面上可能对飞行造成影响的建筑等障碍物的轮廓标识出来，以便飞机驾驶员能够在夜间观察到这些障碍物，防止发生危险。

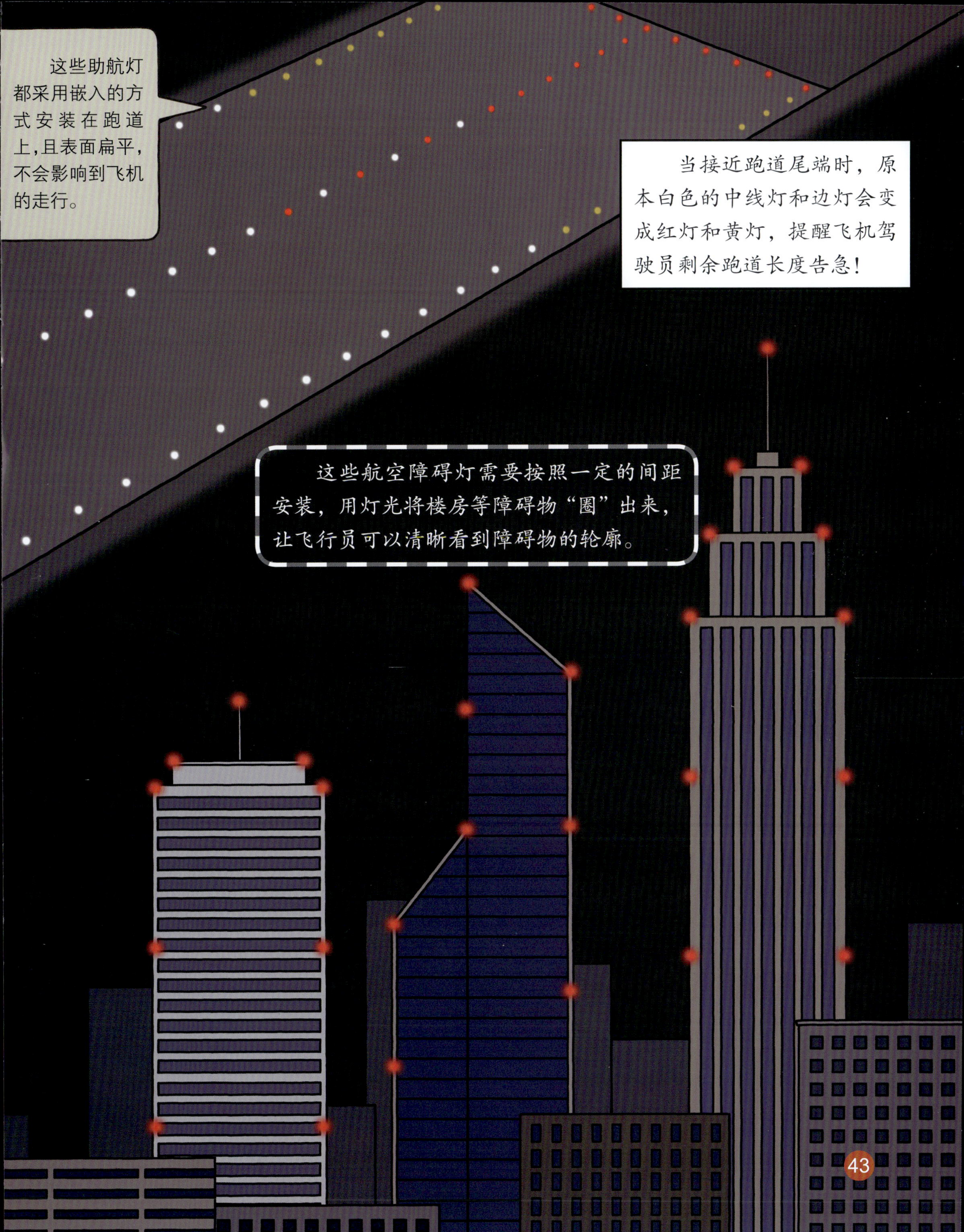
这些助航灯都采用嵌入的方式安装在跑道上,且表面扁平,不会影响到飞机的走行。
当接近跑道尾端时，原本白色的中线灯和边灯会变成红灯和黄灯，提醒飞机驾驶员剩余跑道长度告急！
这些航空障碍灯需要按照一定的间距安装，用灯光将楼房等障碍物“圈”出来，让飞行员可以清晰看到障碍物的轮廓。

虽然现在还没有指挥空中交通的信号灯，但随着低空交通的发展，也许在不远的将来，我们便能看到，在高耸的楼宇间，一架架飞行器在高科技“红绿灯”的指引下往来穿梭。

想要了解更多有趣的绘本资讯及作者的日常绘画心得，可关注此公众号。

作者公众号